POLICHIN
PELLERIN & Cie à EPINAL.

Lettres majuscules.

A B C D E

F G H I J K

L M N O P

Q R S T U

V W X Y Z

Un jour que le père de Polichinel se désolait
de n'avoir pas d'enfants, il entendit une voix ca-
verneuse sortir du fond du puits de son jardin.
Elle disait: tu auras un fils qui te ressemblera;
il sera comme toi, un ivrogne et un vaurien!

Lettres minuscules.

a b c d e f g
h i j k l m n
o p q r s t u
v x y z.

Chiffres majuscules.

1 2 3 4 5 6 7 8 9

Chiffres romains

I II III IV V VI VII VIII IX

A peine sorti du gros chou qui lui donna le
jour, Polichinel tirait déjà la queue du chat, ce
qui dénotait un mauvais naturel qui dans la suite
ne fit que se développer.

Lettres anglaises majuscules.

A B C D E F G
H I J K L M N
O P Q R S T U
V X Y Z.

Lettres anglaises minuscules.

a b c d e f g h i j
k l m n o p q r s
t u v x y z.

Chiffres arabes.

1 2 3 4 5 6 7 8 9 0.

Le père de Polichinel était ravi d'avoir un enfant qui montrait d'aussi mauvaises dispositions; il voulut aussi lui apprendre à boire; le polisson y prit goût et devint par la suite un vrai sac à vin.

(7).

Lettres rondes majuscules.

A B C D E F G
H I J K L M N
N O P Q R S
T U V X Y Z

Lettres rondes minuscules.

a b c d e f g h i j k
l m n o p q r s t
u v x y z

Chiffres en ronde.

1 2 3 4 5 6 7 8 9 0

Par exemple au lieu d'aller régulièrement à
l'école, il s'en allait par la ville avec des mauvais sujets comme lui, et s'il trouvait quelques
vieilles casseroles, il se faisait un malin plaisir
de les attacher à la queue des chiens.

Voyelles simples.

A E E E I O U Y

Voyelles composées.

EU OU AN IN ON UN

Diphthongues.

ié ia io iou ian ion iai
ien ieu iau oui uin oin oué

Exercice sur les E.

L'È ouvert se prononce comme AI.

bè cè dè fè gè kè lè mè nè pè què rè sè tè

prononcez :

bai çai dai fai gai kai lai mai nai pai
quai rai sai tai

L'E muel se prononce EU.

be ce de fe ge ke le me ne pe que re se te

prononcez :

beu çeu deu feu geu keu leu meu neu peu
queu reu seu teu

L'É fermé se prononce comme dans ÉTÉ.

bé cé dé fé gé ké lé mé né pé qué ré sé té

Comme il était bourré de mauvais instincts,
souvent il escaladait les murs des jardins du
voisinage pour voler des poires et des pommes.

SYLLABES.

ba	be	bi	bo	bu	ab	eb	ib	ob	ub
ca	ce	ci	co	cu	ac	ec	ic	oc	uc
da	de	di	do	du	ad	ed	id	od	ud
fa	fe	fi	fo	fu	af	ef	if	of	uf
ga	ge	gi	go	gu	ag	eg	ig	og	ug
ha	he	hi	ho	hu	ah	eh	ih	oh	uh
ja	je	ji	jo	ju	aj	ej	ij	oj	uj
ka	ke	ki	ko	ku	ak	ek	ik	ok	uk
la	le	li	lo	lu	al	el	il	ol	ul
ma	me	mi	mo	mu	am	em	im	om	um
na	ne	ni	no	nu	an	en	in	on	un
pa	pe	pi	po	pu	ap	ep	ip	op	up
qua	que	qui	quo	qu	aq	eq	iq	oq	uq
ra	re	ri	ro	ru	ar	er	ir	or	ur
sa	se	si	so	su	as	es	is	os	us
ta	te	ti	to	tu	at	et	it	ot	ut
va	ve	vi	vo	vu	av	ev	iv	ov	uv
xa	xe	xi	xo	xu	ax	ex	ix	ox	ux
za	ze	zi	zo	zu	az	ez	iz	oz	uz

Il avait l'humeur tellement querelleuse qu'il ne passait pas de jour sans se battre avec les polissons de son quartier, qui se moquaient de sa conformation ridicule.

EXERCICE SUR LA PRONONCIATION.

bra	bre	bri	bro	bru	bla	ble	bli	blo	blu
dra	dre	dri	dro	dru	dla	dle	dli	dlo	dlu
cra	cre	cri	cro	cru	fla	fle	fli	flo	flu
fra	fre	fri	fro	fru	cla	clé	cli	clo	clu
gra	gre	gri	gro	gru	gla	gle	gli	glo	glu
pra	pre	pri	pro	pru	pla	ple	pli	plo	plu
sra	sré	sri	sro	sru	sla	sle	sli	slo	slu
tra	tré	tri	tro	tru	tla	tle	tli	tlo	tlu
vra	vre	vri	vro	vru	vla	vle	vli	vlo	vlu
zra	zré	zri	zro	zru	zla	zle	zli	zlo	zlu

gna   gne   gni   gno   gnu

bia	bie	bio	biu	mia	mie	mio	miu
cia	cie	cio	ciu	nia	nie	nio	niu
dia	die	dio	diu	pia	pié	pio	piu
fia	fie	fio	fiu	quia	quié	quio	
gia	gie	gio	giu	ria	rie	rio	riu
hia	hié	hio	hiu	sia	sie	sio	siu
jia	jie	jio	jiu	tia	tie	tio	tiu
kia	kie	kio	kiu	via	vié	vio	viu
lia	lié	lio	liu	zia	zie	zio	ziu

Quand il eut atteint l'âge d'homme, il aimait
à aller par les rues, et quand il rencontrait des
marchandes de poisson, il leur en demandait le
prix en se bouchant le nez pour faire croire au
peu de fraîcheur de la marchandise.

EXERCICE SUR LES SONS

mots d'une syllabe.

———

SONS PLEINS.

lac, geai, rail, bain, clair, mal,
franc, char, cap, las, gras, miel,
fât, reps, mer, mets, cerf, chef,
lieu, jeu, nil, fuir, lis, job,
christ, roc, noix, clou, point, pal,
deuil, jet, vœu, fleur, vin, pied,
nul, un, mur, turc, sus, busc,
vol, prompt, cor, blé, mot, nain,
île, eau, gers, mai, main, feu,
joug, toul, pain, cour, fox, gros,
arc, legs, foi, sel, mont, bal,
chat, soir, beau, soin, don, bœuf.

Un jour qu'à la suite d'une de ses escapades,
le commissaire du quartier le condamna à aller
en prison, escorté d'un gendarme, il eut la har-
diesse de frapper cet honorable militaire qui
remplissait fidèlement son devoir.

SUITE DE L'EXERCICE SUR LES SONS

mots à finale muette.

fable, perte, filtre, lièvre, vase,
poste, boite, tertre, crème, fée,
bible, joie, force, tube, sangle,
acte, faible, scribe, danse, rade,
zèbre, toile, gaffe, rose, prune,
libre, côte, âge, siècle, meuble,
neige, bagne, secte, lune, vie,
monde, chaise, terre, vice, gare,
nègre, messe, tige, genre, foie,
herse, encre, père, arme, poire,
poutre, halle, luxe, trace, ange,
bague, genre, plainte, femme,
chambre, geste, mâle, cendre,
branche, marbre, alpes, valse.

PETITES PHRASES
sur les mots d'une syllabe.

Il pleut. J'ai faim. On vient. C'est lui. J'y vais. Quel temps. J'ai soif. Le jour luit. C'est du lait. Dieu est bon. Le sel gris. Le gril noir. J'ai froid aux pieds. On fait du bruit. Ce lard est gras. Les blés sont mûrs. Le plomb est très lourd. Ce gant me va bien. Ce Turc sait le grec. Les cerfs ont de beaux yeux. Au Cap il fait très chaud.

Le Joug est fait pour les bœufs.

On ne voit plus que ciel et mer.

Le Chat est prompt mais le Rat est vif.

Les Yacks ont de très longs poils sur la peau.

On a la paix du cœur quand on suit la loi du Christ.

Une autre fois il s'empara de l'âne de la meu-
nière et monta dessus en le frappant de son bâton :
mais mal lui en prit, car le baudet ainsi rudoyé
lança de telles ruades que notre drôle fut ren-
versé et tout meurtri de sa chûte.

SYLLABAIRE.

Exercice sur les sons.

MOTS DE DEUX SYLLABES.

A

ba-ba, da-da, ga-la, har-nais,
co-rail, é-mail, tra-vail, ta-bac,
é-clair, lé-zard, ba-vard, a-tlas,
ru-ban, vol-can, vi-lain, bo-cal,

E

par-lé, con-seil, cer-feuil, cas-tel, a-vec,
so-leil, blanc-bec, i-dem, hô-tel, ne-veu,
cor-beau, ri-deau, a-grès, pro-cès, ab-bé,
ex-près ho-chet cu-ré buf-fet, vo-leur,

I

mi-mi, a-mi, jo-li, vau-rien,
an-cien, ba-ril, fu-sil, gen-til,
ca-nif, oi-sif, ta-rif, rou-gir,
ac-tif, i-bis, blon-din, ma-ïs.

Sa mauvaise conduite tenait éloignées de lui toutes les honnêtes demoiselles du quartier ; il en avait remarqué une surtout qui lui donnait dans l'œil, et il ne cessait de la poursuivre de ses assiduités.

SUITE DES EXERCICES SUR LES SONS.

O

em-ploi, oc-troi, mou-choir,
bo-bo, zé-ro, ef-froi, co-co,
cha-mois, sour-nois, bon-jour,
bon-bon, vau-tour, dis-cours.

U

*poin-tu, ai-gu, té-tu, ca-duc,
ap-pui, en-nui, é-tui, cha-cun,
a-zur, fu-tur, obs-cur, o-bus,
ré-bus, sa-lut, dé-but, af-fût.*

MOTS DE TROIS SYLLABES.

ré-sé-da, o-dé-on, lu-cra-tif, do-mi-no,
os-se-let, é-tour-di, mo-dè-le, mer-cre-di,
ju-pi-ter, in-ci-vil, a-lam-bic, om-ni-bus,
na-ti-on, na-tu-re, ap-pa-reil, sau-va-ge.

Ayant promis à cette demoiselle d'être rangé et travailleur, elle voulut bien lui accorder sa main ; mais le jour même de son mariage, il but tellement de vin qu'on fut obligé de le coucher sur la paille... La pauvre mariée en fut bien affligée !

MOTS DE TROIS SYLLABES.

*sou-ve-nir, tour-ne-vis, mer-ce-rie, vil-la-geois,
pa-ra-sol, va-ga-bond, cor-ri-dor, a-ma-dou,
car-re-four, é-blou-i, bis-cor-nu, a-que-duc,
om-ni-bus, au-tri-chien, cha-pe-let, gen-dar-me.*

MOTS DE QUATRE SYLLABES.

é-pou-van-tail, ca-va-le-rie, Jé-ru-sa-lem,
il-lu-si-on, pé-ti-ti-on, com-tem-po-rain,
en-tre-pre-neur, en-ve-ni-mer, dé-so-bé-ir,
ca-rac-tè-re, ca-bri-o-let, en-tre-te-nir.

ACCENTS.

Accent aigu,   Accent grave,   Accent circonflexe,   Trema.

L'accent aigu se met sur l'É fermé.

L'accent grave se met sur l'È ouvert et quelquefois sur l'A.

Plus tard comme il avait plusieurs enfants on lui conseilla de travailler pour les nourrir ; mais bien loin de suivre ces conseils, lorsque les enfants lui demandaient à manger, il se contentait de les battre comme plâtre !

L'accent circonflexe se met sur toutes les voyelles longues.

Le tréma se met sur les voyelles E I U pour les détacher d'autres voyelles.

EXEMPLE.

A

dèjà.	âme.	châtiment.	lâche
voilà.	pâtre.	blâme.	pâte.
là-haut.	gâteau.	dégât.	château.

E

scélérat.	procès.	baptême.	poële.
sénat.	décès.	fête.	noël.
paré.	succès.	arrêt.	poëte.

I

abîme.	cloître.	haïr.	sinaï.
île.	paître.	coïncider.	naïf.
prît.	gîte.	Moïse.	aïeul.

O — **U**

côte.	jeûne.	Imaüs.
ôter.	flûte.	Esaü.
rôle.	affût.	Saül.

Comme il est impossible de vivre éternellement sans travailler et en faisant bombance, Polichinel en arriva à voler de l'argent; mais déjà la police avait l'œil sur lui, et la main de la justice s'apprêtait à le saisir.

SIGNES ORTHOGRAPHIQUES.

,	ɔ	—
Apostrophe.	Cédille.	Trait-d'union.

L'apostrophe sert à la suppression d'une voyelle et se place à gauche ou en haut de la lettre : Exemple L'

La cédille sert a adoucir les sons et se met dessous la lettre C devant les voyelles A O U: Exemple Ç.

Le trait-d'union sert à lier les mots qui n'expriment qu'une seule idée et se place entre les mots. Exemple —

EXEMPLE SUR L'APOSTROPHE.

L'homme, l'amitié, l'obscurité, l'enfant.

Sans l'apostrophe on serait obligé de dire :

Le homme, la amitié, la obscurité, etc.

EXEMPLE SUR LA CÉDILLE

Maçon, reçu, menaça, garçon, français.

EXEMPLE SUR LE TRAIT-D'UNION.

Peu-à-peu, corps-de-garde, chef-d'œuvre, tire-bouchon, couvre-pied, rez-de-chaussée.

Polichinel fut arrêté puis jugé comme voleur
et condamné à plusieurs mois de prison. — Mais
le drôle au lieu de subir sa peine et de se repen-
tir se précipita sur le juge et lui administra une
volée de coups de bâton.

DE LA PONCTUATION.

La ponctuation sert à séparer les différents membres de phrases et indique ordinairement les repos que l'on doit observer en lisant.

La ponctuation est représentée par les signes suivants :

La virgule.   ,

Le point virgule.   ;

Le point.   .

Les deux points.   :

Le point d'exclamation.   !

Le point d'interrogation.   ?

Le guillemet.   (»)

Le tiret.   —

Les points suspensifs.   ....

Pour le coup, le Diable qui était outré de tous ses méfaits ne put tolérer une pareille action; il saisit Polichinel, le jeta sur son dos et l'emporta de suite en enfer pour l'y faire griller comme un boudin.

Texte et Sujets (Déposés).

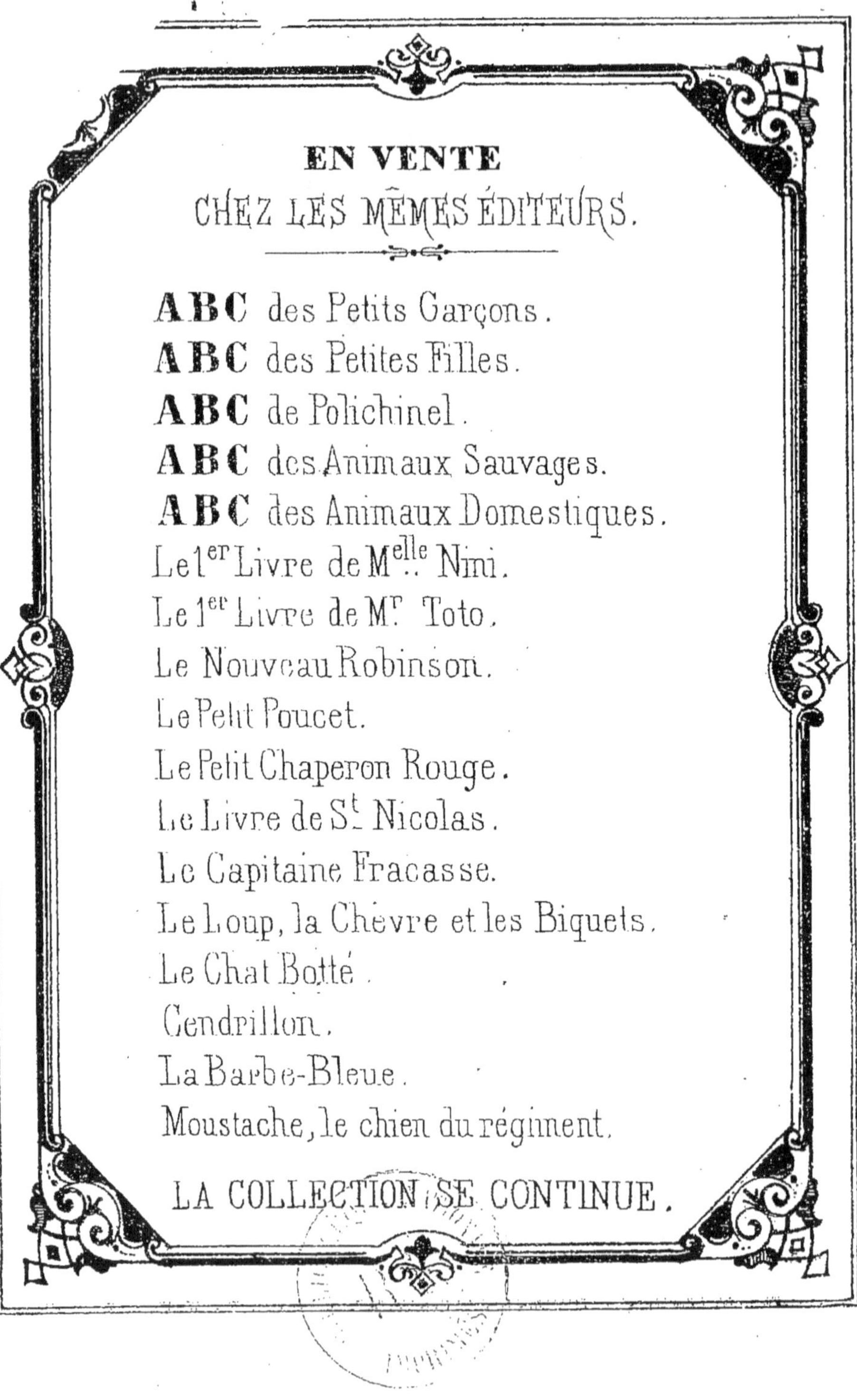

EN VENTE
CHEZ LES MÊMES ÉDITEURS.

ABC des Petits Garçons.
ABC des Petites Filles.
ABC de Polichinel.
ABC des Animaux Sauvages.
ABC des Animaux Domestiques.
Le 1er Livre de Melle Nini.
Le 1er Livre de Mr Toto.
Le Nouveau Robinson.
Le Petit Poucet.
Le Petit Chaperon Rouge.
Le Livre de St Nicolas.
Le Capitaine Fracasse.
Le Loup, la Chèvre et les Biquets.
Le Chat Botté.
Cendrillon.
La Barbe-Bleue.
Moustache, le chien du régiment.

LA COLLECTION SE CONTINUE.